团 体 标 准

沥青路面修复贴

Repair Patch for Asphalt Pavement

T/CHTS 20009—2021

主编单位：新疆心路科技有限公司
发布单位：中国公路学会
实施日期：2021年05月01日

人民交通出版社股份有限公司
北 京

图书在版编目(CIP)数据

沥青路面修复贴 : T/CHTS 20009—2021 / 新疆心路科技有限公司主编. — 北京 : 人民交通出版社股份有限公司, 2021.4

ISBN 978-7-114-17127-7

Ⅰ.①沥… Ⅱ.①新… Ⅲ.①沥青路面—公路养护—行业标准—中国 Ⅳ.①U418.6-65

中国版本图书馆 CIP 数据核字(2021)第 043241 号

标准类型: 团体标准

Liqing Lumian Xiufutie

标准名称: 沥青路面修复贴

标准编号: T/CHTS 20009—2021

主编单位: 新疆心路科技有限公司

责任编辑: 郭红蕊　韩亚楠

责任校对: 赵媛媛

责任印制: 张　凯

出版发行: 人民交通出版社股份有限公司

地　　址: (100011)北京市朝阳区安定门外外馆斜街 3 号

网　　址: http://www.ccpcl.com.cn

销售电话: (010)59757973

总 经 销: 人民交通出版社股份有限公司发行部

经　　销: 各地新华书店

印　　刷: 北京鑫正大印刷有限公司

开　　本: 880×1230　1/16

印　　张: 1.5

字　　数: 38 千

版　　次: 2021 年 4 月　第 1 版

印　　次: 2021 年 4 月　第 1 次印刷

书　　号: ISBN 978-7-114-17127-7

定　　价: 21.00 元

(有印刷、装订质量问题的图书由本公司负责调换)

中国公路学会文件

公学字〔2021〕44号

中国公路学会关于发布《沥青路面修复贴》的公告

现发布中国公路学会标准《沥青路面修复贴》（T/CHTS 20009—2021），自2021年5月1日起实施。

《沥青路面修复贴》（T/CHTS 20009—2021）的版权和解释权归中国公路学会所有，并委托主编单位新疆心路科技有限公司负责日常解释和管理工作。

中国公路学会

2021年4月25日

前　　言

为规范沥青路面修复贴的生产检验、产品规格、技术要求与检测方法，提高产品质量，特制定本标准。

本标准按照《中国公路学会标准编写规则》(T/CHTS 10001)编写，共分为8章、1个附录，主要内容包括：范围，规范性引用文件，术语和符号，分类、型号与规格，技术要求，试验方法，检验规则，包装、标志、运输和储存。

本标准实施过程中，请将发现的问题和对标准的意见、建议反馈至新疆心路科技有限公司(地址：新疆乌鲁木齐市友好北路529号新大科技园5号楼210室；联系电话：0991-4555928或18999162122；电子邮箱：546618207@qq.com)，供修订时参考。

本标准由新疆心路科技有限公司提出，受中国公路学会委托，由新疆心路科技有限公司负责具体解释工作。

主编单位：新疆心路科技有限公司

参编单位：河北大学、新疆交通科学研究院、乌鲁木齐魁道路面材料科技有限公司、新疆维吾尔自治区公路管理局

主要起草人：尹庆、杨三强、刘涛、李志农、李国华、高峰、孙海、侯明龙、李民政、刘娜、周晓雨、杨伊娜

主要审查人：曾赟、黄晓明、李华、周海涛、冯德成、张玉贞、张蕾、黄志福、郭猛、韩亚楠

目 次

沥青路面修复贴

1 范围

本标准规定了沥青路面修复贴的分类、型号与规格，技术要求，试验方法，检验规则，包装、标志、运输和储存。

本标准适用于沥青路面修复贴的生产和检验。

2 规范性引用文件

下列文件对于本文件的应用是必不可少的。凡是注日期的引用文件,仅注日期的版本适用于本文件。凡是不注日期的引用文件,其最新版本适用于本文件。

GB/T 328.2 建筑防水卷材试验方法 第2部分:沥青防水卷材 外观

GB/T 328.4 建筑防水卷材试验方法 第4部分:沥青防水卷材 厚度、单位面积质量

GB/T 328.6 建筑防水卷材试验方法 第6部分:沥青防水卷材 长度、宽度和平直度

GB/T 328.8 建筑防水卷材试验方法 第8部分:沥青防水卷材 拉伸性能

GB/T 328.9 建筑防水卷材试验方法 第9部分:高分子防水卷材 拉伸性能

GB/T 328.10 建筑防水卷材试验方法 第10部分:沥青和高分子防水卷材 不透水性

GB/T 328.20 建筑防水卷材试验方法 第20部分:沥青和防水卷材 接缝剥离性能

GB/T 9271 色漆和清漆 标准试板

JTG E20 公路工程沥青及沥青混合料试验规程

JTG E42 公路工程集料试验规程

JTG E60 公路路基路面现场测试规程

3 术语和符号

3.1 术语

3.1.1 沥青路面修复贴 repair patch for asphalt pavement

以聚合物改性沥青、集料和胎基布为主要原料制作而成的一种粘贴产品(简称修复贴)。

3.1.2 改性沥青 modified asphalt

在石油沥青中掺入一定比例的聚苯乙烯—聚丁二烯—聚苯乙烯(SBS)、硫化橡胶粉(GVR)等聚合物外掺剂,制成的技术性能得到改善的胶结料。

3.1.3 胎基布 tire fabric

由 100%涤纶短纤维加工而成的一种无纺布制品。

3.1.4 黏结强度 adhesion strength

单位面积的修复贴粘贴在沥青路面上的黏结力,按本标准附录 A 的方法进行测定。

3.1.5 最大拉力时延伸率 elongation at maximum tensile force

修复贴的最大变形能力,按 GB/T 328.8 的方法进行测定。

3.2 符号

P——修复贴的黏结强度(MPa);

F——修复贴试件破坏时的拉拔力(N)。

4 分类、型号与规格

4.1 分类

4.1.1 修复贴的构造包括碎石磨耗层、高黏改性沥青黏结层、抗拉纤维层和隔离膜，如图 4.1.1 所示。

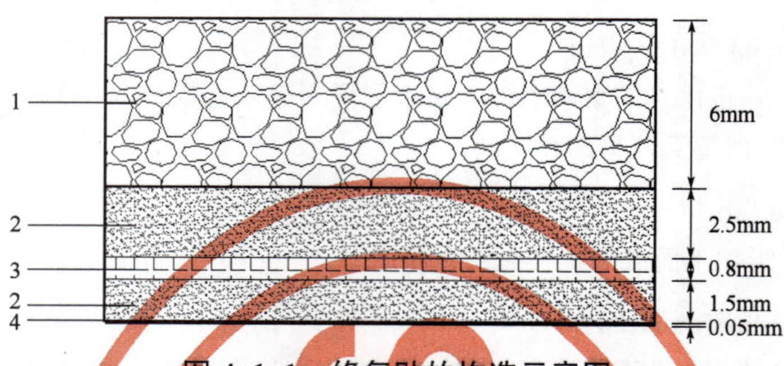

图 4.1.1 修复贴的构造示意图

1-碎石磨耗层；2-高黏改性沥青黏结层；3-抗拉纤维层；4-隔离膜

4.1.2 修复贴按适用温度分为高温型和低温型；按形状分为片状与卷状。其产品代号及形状分类应符合表 4.1.2 的规定。

表 4.1.2 产品代号、形状及分类

产品代号	GW-P	GW-J	DW-P	DW-J
形状	片状	卷状	片状	卷状
类型	高温型		低温型	

4.2 规格

4.2.1 产品规格应符合表 4.2.1 的规定。

表 4.2.1 产品规格

规格	长×宽[1](m×m)	厚度(mm)
片状	1×0.5、3.75×1、6×1	5、10
卷状	10×1	
注 1：长度和宽度尺寸可根据用户需求定制。		

5 技术要求

5.1 材料

5.1.1 集料的规格和级配应符合表 5.1.1 的规定。

表 5.1.1 集料规格和级配

集料规格	公称粒径(mm)	通过各筛孔的质量百分率(%)								
		13.2	9.5	4.75	2.36	1.18	0.6	0.3	0.15	0.075
S12	5～10	100	90～100	0～15	0～5	—	—	—	—	—
S14	3～5	—	100	90～100	0～15	—	0～3	—	—	—

5.1.2 集料的性能指标应满足表 5.1.2 的要求。

表 5.1.2 集料的性能指标

集料指标	单位	指标要求	试验方法
石料压碎值[1],不大于	%	26	T 0316
洛杉矶磨耗损失[1],不大于	%	28	T 0317
磨光值[1],不小于	—	42	T 0321
表观相对密度,不小于	—	2.6	T 0328
吸水率,不大于	%	2.0	T 0307
坚固性,不大于	%	12	T 0314
针片状颗粒含量,不大于(集料粒径小于 9.5mm)	%	15	T 0312
水洗法<0.075mm 颗粒含量,不大于	%	1.0	T 0333
软石含量,不大于	%	3	T 0320
碎石与沥青的黏附性,不小于	等级	4	T 0616
注 1:石料压碎值、洛杉矶磨耗损失与磨光值应采用同一料源的集料按照相关试验方法测定。			

5.1.3 聚合物改性沥青的物理性能指标应满足表 5.1.3 的要求。

表 5.1.3 改性沥青的物理性能指标

性能指标	单位	高温型	低温型	试验方法
针入度(100g,5s,25℃)	0.1mm	40～70	60～90	T 0604
软化点,不低于	℃	75	60	T 0606
延度(5℃),不小于	cm	35	30	T 0605

5.1.4 胎基布的横纵向形变率应不小于 20%,其试验方法应按照现行 GB/T 328.9 中相关试验方法进行。

5.2 外观质量与尺寸偏差

5.2.1 修复贴应表面平整均匀、边缘齐整、洁净、无污染,无缺边、掉角。

5.2.2 隔离膜无破损,碎石与聚合物改性沥青无松散、无漏洒。

5.2.3 尺寸偏差应满足表 5.2.3 的要求。

表 5.2.3 尺寸偏差要求

项目	偏差要求				检测方法
	长 0.5m	长 3.75m	长 6m	长 10m	
长度偏差(cm)	1	4	6	10	钢卷尺等测 3 次,取平均值与长度之差
宽度偏差(cm)	2				钢卷尺等测 3 次,取平均值与宽度之差
厚度偏差(mm)	2				游标卡尺测 3 次,取平均值与厚度之差

5.3 路用性能

5.3.1 修复贴的路用性能指标应满足表 5.3.1 的要求。

表 5.3.1 修复贴的路用性能技术要求

性能指标	技术要求	试验方法
黏结强度(MPa)(20℃)	≥0.5	本标准附录 A
构造深度(mm)	≥1.0	T 0731
摩擦系数 BPN	≥45	T 0964

6 试验方法

6.1 集料、聚合物改性沥青和胎基布

6.1.1 集料应按照现行 JTG E42 中相关试验进行。

6.1.2 聚合物改性沥青应按照现行 JTG E20 中相关试验进行。

6.1.3 胎基布应按照现行 GB/T 328.9 中相关试验进行。

6.2 修复贴

6.2.1 修复贴的长度、宽度、厚度指标应采用钢卷尺和游标卡尺进行测量。

6.2.2 修复贴的构造深度和摩擦系数指标应按照现行 JTG E60 中相关试验进行。

6.2.3 修复贴黏结强度应按本标准附录 A 的规定进行。

7 检验规则

7.1 进厂检验

7.1.1 同一料源的集料、聚合物改性沥青和胎基布应随机选取3个样品进行检验。

7.1.2 集料质量判定应满足以下规定：

1 若3个样品的检验结果全部满足表5.1.1和表5.1.2的要求，则判定该批产品为合格；若有2个及以上样品不满足表5.1.1和表5.1.2的要求，则判定该批产品不合格。

2 若只有1个样品不满足表5.1.1和表5.1.2的要求，则应在该批次中再抽取3个样品，复检全部合格，则判定该批产品为合格；否则，判定为不合格。

7.1.3 聚合物改性沥青质量判定应满足以下规定：

1 若3个样品的检验结果全部满足表5.1.3的要求，则判定该批产品为合格；若有2个及以上样品不满足表5.1.3的要求，则判定该批产品不合格。

2 若只有1个样品不满足表5.1.3的要求，则应在该批次中再抽取3个样品，复检全部合格，则判定该批产品为合格；否则，判定为不合格。

7.1.4 胎基布质量判定应满足以下规定：

1 若3个样品的检验结果全部符合本标准第5.1.4条的规定，则判定该批产品为合格；若有2个及以上样品不满足本标准第5.1.4条的规定，则判定该批产品不合格。

2 若只有1个样品不符合本标准第5.1.4条的规定，则应在该批次中再抽取3个样品，复检全部合格，则判定该批产品为合格；否则，判定为不合格。

7.2 型式检验

7.2.1 在下列情况下应进行型式检验：

1 新产品投产或者产品定型鉴定时；

2 正常生产时，每年进行一次；

3 集料或沥青批次、工艺发生变化可能影响产品质量时；

4 出厂检验结果与上次型式检验结果有较大的差异时；

5 产品停产3个月以上恢复生产时；

6 质量监督检验机构提出型式检验要求时。

7.3 出厂检验

7.3.1 每连续生产一批或生产10000m² 修复贴，应随机选取3个样品进行检验。

7.3.2 外观质量和尺寸偏差应符合本标准第5.2.3条的规定。

7.3.3 修复贴质量判定应符合以下规定：

1 若3个样品的黏结强度试验结果路用性能全部满足表5.3.1的要求，则判定该批产品为合格；若有2个及以上样品不满足表5.3.1的要求，则判定该批产品不合格。

2 若只有1个样品的黏结强度试验结果路用性能不满足表5.3.1的要求，则应在该批次中再抽取3个样品，复检全部合格，则判定该批产品为合格；否则，判定为不合格。

8 包装、标志、运输和储存

8.1 包装

8.1.1 修复贴可采用箱式或者袋式包装。

8.1.2 产品应附以下随行文件：

1 产品使用说明书；

2 合格证；

3 检验报告。

8.2 标志

8.2.1 外壁标志主要包括以下内容：

1 生产厂名；

2 产品名称；

3 生产日期；

4 产品净质量与包装后的总质量；

5 防火、防潮、防雨淋标志。

8.3 运输

8.3.1 运输时应防火、防晒、防潮、防雨淋，避免修复贴在运输过程中发生破裂以及污染。

8.4 储存

8.4.1 储存时应防火、防晒、防潮、防雨淋、防腐蚀。

8.4.2 产品的储存期不应超过2年。

附录 A　黏结强度试验

A.1　仪器设备

A.1.1　拉拔试验机：拉拔头直径为 40mm，拉拔速率为 50mm/min。

A.1.2　标准试板：采用符合现行 GB/T 9271 的测试级钢板，尺寸为 152mm×76mm×0.8mm。

A.1.3　车辙试验机：应符合现行 JTG E20 中 T 0719 的要求。

A.2　试件要求

A.2.1　车辙板尺寸为 300mm×300mm×50mm。

A.2.2　修复贴尺寸为 300mm×60mm。

A.2.3　试件为 ϕ40mm 的圆柱体。

A.3　试验步骤

A.3.1　制作 AC-13 或 AC-16 改性沥青混合料车辙板。

A.3.2　将截取好的修复贴按图 A.3.2 粘贴在车辙板上。

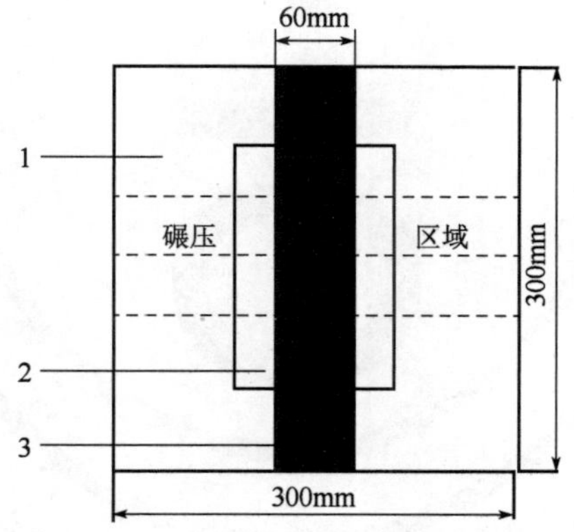

图 A.3.2　黏结强度试验试模

1-车辙试模；2-测试板；3-修复贴

A.3.3　将标准试板按图 A.3.2 置于修复贴上。

A.3.4　将车辙板置于车辙试验台上，按照现行 JTG E20 进行。

A.3.5　碾压完成后，从车辙板上取下标准试板，居中钻取直径为 40mm 的修复贴与沥青混合料圆柱体芯样。

A.3.6　将芯样用环氧树脂与夹具粘接，在 20℃±2℃温度条件下固化 24h。

A.3.7　将试件与夹具安装在拉拔试验机上，启动拉拔试验机，直至试件破坏，记录拉拔力读数 F。

A.4 试验数据处理

A.4.1 记录试件破坏时的拉拔力，并按式(A.4.1)计算黏结强度。

$$P=\frac{F}{\pi r^{2}} \tag{A.4.1}$$

式中：P——修复贴的黏结强度(MPa)；

F——试件破坏时的拉拔力(kN)；

r——试件半径，取 0.02m；

π——取 3.14。

A.4.2 至少平行试验 3 个试件。当 3 个试件黏结强度变异系数不大于 20%时，取其平均结果作为试验结果；变异系数大于 20%时，应分析原因并追加试验。

A.4.3 试验报告应注明试验温度、试件制作方法等。

用 词 说 明

1 本标准执行严格程度的用词，采用下列写法：

1） 表示严格，在正常情况下均应这样做的用词，正面词采用“应”，反面词采用“不应”或“不得”。

2） 表示允许稍有选择，在条件许可时首先应这样做的用词，正面词采用“宜”，反面词采用“不宜”。

3） 表示有选择，在一定条件下可以这样做的用词，采用“可”。

2 引用标准的用语采用下列写法：

1） 在标准条文及其他规定中，当引用的标准为国家标准或行业标准时，应表述为“应符合×××××的有关规定”。（×××××为标准编号）

2） 当引用标准中的其他规定时，应表述为“应符合本标准第×章的有关规定”“应符合本标准第×.×节的有关规定”“应按本标准第×.×.×条的有关规定执行。”